Manfred Sommer
»Jahrgang 27«
Mit Pinsel und Staffelei

MANFRED SOMMER
»JAHRGANG 27«

Mit Pinsel und Staffelei

Libri

Sommer, Manfred:
»Jahrgang 27«: Mit Pinsel und Staffelei
2000
ISBN 3-8311-0354-2
Alle Rechte vorbehalten
Umschlaggestaltung: Manfred Sommer
Herstellung: Libri, Hamburg
Printed in Germany

Der Eine malt und zeichnet für sich selbst, ein Zweiter zur Freude
anderer. Nach der Natur, aus dem Gedächtnis, aus der Vorstellung
oder nach der Phantasie will er sich verständlich machen.
Mit den Bildern läßt er Stationen seines Lebens vorüber ziehen.
Themen, die im Zeichen- und Malunterricht gestellt wurden wie
z.B. "Der Angler", "Jungenstreiche", "Im Luftschutzkeller",
"Hänsel und Gretel".
Vom Rio de la Plata bis nach Berlin zieht sich des Malers Leben
hin, angefangen mit einem Bild, das der Vater ihm als Erinnerung
an den Reisebeginn schenkte, bis zur ersten Impression in Berlin,
einer ganz neuen Welt.
Es folgen viele Positionen in Bild und Wort. Der begleitende Text
beantwortet manche Fragen zum gemalten Motiv.

Inhalt

Zum Abschied schenkte der Vater dem Jungen das Bild der
>Monte Olivia<, die Buenos Aires verließ und nun in den
lehmgelben Fluten des Rio de la Plata eine weite Reise in Richtung
Europa beginnt.

1935
Deckfarben auf Papier

Die Regenzeit spülte wochenlang mit ihren Wassermassen die
Flussbetten des Rio Salado, Paraná, Paraguay und Uruguay aus, und
so wurden die Gewässer, die dem Atlantik zustrebten, trüber und
trüber. Sturmgewitter ließen die in der La-Plata-Bucht
aufgewühlten Ströme eine lange Zunge in den Ozean treiben.

1989
Deckfarben auf Spanplatte

Die gelben Wellen werden von den letzten Strahlen der Sonne durchleuchtet, und die Schaumkronen folgen direkt aufeinander.
Das Land ist längst verschwunden und der Dampfer hebt und senkt sich bereits, den Naturgewalten gehorchend.

In Santos lacht nach zwei stürmischen Nächten wieder die Sonne. Die Menschen kommen an Deck, und Boote rings um das verankerte Schiff bringen Waren aller Art von der Ananasfrucht bis zur Orange, bis zu Decken und Kleidern, Äffchen, Hündchen und anderes "Spielzeug".

Das alte Berlin mit Schleppern und Kränen, halb nach der Wirklichkeit, halb aus der Vorstellung gemalt, begeisterte den achtjährigen Neuankömmling so sehr, dass er es sofort für sich festhielt.

Die "hoch oben" fahrende S-Bahn war etwas ganz Neues, etwas Imponierendes für ihn; der Pinsel und die Farben waren noch schwer zu handhaben, teils in Aquarell, teils in Deckfarben, aber der Drang zu malen ersetzte manches Handicap.

1935, A4 Wasserfarben

Im Zeichnen und Malen der Schulzeit gab's immer wieder Themen für alle. Jeder sollte sich im Vorstellen üben, um seine Gedanken und Bilder vor dem geistigen Auge zu ordnen und dann auf das Papier zu bannen.
"Hänsel und Gretl" 1938, Aquarell und Deckfarben, "Jungenstreiche" 1937, Aquarell und Gouachefarben vom Vater, "Im Luftschutzkeller" 1942, Aquarell - auch "Der Angler" 1938 waren so ein Schulauftrag.
Die Lebkuchen, Herzen und Schokoladeplatten des Hexenhauses dominierten, Hexe, Hänsel und Gretl wurden zum Teil eines Suchbildes, aber beinahe Nebensache.
Bei den "Jungenstreichen" half die unbekümmerte Kreativität, Maltechnik und Details "hadern" noch mit der Wirklichkeit.

Der "Luftschutzraum" ist bereits eine Komposition von Licht und Schatten. Beim "Angler" überwiegt die Umgebung, allerdings kommen die Gestalten nicht zu kurz, obwohl an Wasser und Kaimauer ein bisschen mehr "Liebe" verloren ging.

Die Umgebung Berlins hat viele interessante Motive.
Lichtenrade liegt heute mitten in der Stadt, 1937 war alles wie "auf
dem Lande".

Von der Schillerwarte auf den Gosener Bergen konnte man weit ins
märkische Land bis nach Prieros schauen.

Der Wernsdorfer See lag dazwischen, ein wahres Vogelparadies für
Möwen, die morgens Dahme und Spree entlang nach Berlin flogen
und abends den gleichen Weg zurück. Ob sie's noch heute tun?
Lange zeit waren die Gosener Berge umzaunt, die ehemalige NVA
hatte dort ein Übungsgelände, die Schillerwarte war in den Jahren
vor der Mauer abgerissen worden, wo Wanderer einst eine Rast
einlegen konnten.

1953, Aquarelltechnik

Berlin 1950 Aquarell

Notbrücke der Engländer über den Landwehrkanal
Nähe Lützowplatz
Spuren des Krieges allenthalben

1950 Aquarell

Zerstörte Villa am Landwehrkanal
Tiergartenviertel

1955 Mischtechnik

Blick in die Heinrich-Roller-Straße
„Der Herbst als Malersmann"

1999 Acrylfarben
Umbegung Berlins
Mahlsdorf-Süd in sommerlicher Üppigkeit

1953 Aquarell

Bei Buckow, Märkische Schweiz
Eine Landschaft wohltuender Stille

1986 Öl auf Leinwand

Herbst von Rehbrücke

1960 Aquarell

Von der >Hamburg-Süd< ist manch Schiff auf der Route nach
Südamerika unterwegs. Ist die Ladung gelöscht, steht die rote
Wasserlinie   hoch   über   dem   Meeresspiegel.

1975 Deckfarben

Einst und jetzt - noch sind es Segler und Motorschiffe - Befahrer der Meere. Die Gegensätze können nicht größer sein.

1980 Aquarell / Gouache

Von der Hamburg-Südamerikanischen Dampfschifffahrts-
gesellschaft sind auch tief im Süden Argentiniens moderne
Containerträger unterwegs.

1980 Deckfarben

Stückgutlader sind heute schon recht selten. Ihre Tonnage ist beträchtlich, ihre Abmessungen auch.

1992 Acrylfarben

Ein Riesenfrachter der HSDG in einem großen Hafen. Zur "Feier des Tages" über die Toppen geflaggt. Neue Ladung drückt den Wulstbug wieder tiefer ins Wasser.

Die "Olympia" - Zeichen des Vorwärtsstrebens:

Citius, altius, fortius

1989 Acrylfarben

So ein Kutter ist oft Spielball der See; er ist schneller als die See vor ihm, drum wirft er viel Schaum vor sich her.

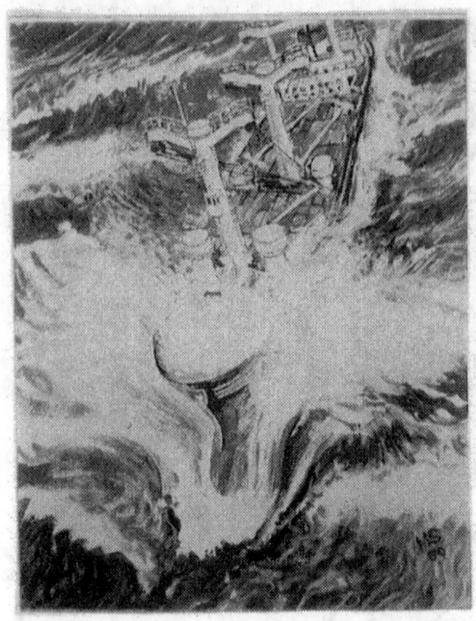

1978 Deckfarben

Wenn der Sturmwind von Backbord kommt, der Kurs aber dem entgegen steht, stürzt sich der Bug immer wieder mal in die Luft, mal mit dem ganzen Vorschiff in die schwere See.

1954 Aquarell

Das Warten ist in der Binnenschifffahrt oft an der Tagesordnung.
Aber wenn's durch die Schleuse geht, kommt
"Leben in die Bude".

1987 Acrylfarben

Der Schlepper >Helga< fährt dem Morgennebel entgegen. Das Wasser singt seine Melodie aufwirbelnd dazu.

1987 Deckfarben

Dem Untergang entgegen? So sieht's aus.
Die See schiebt noch mit!

1990 Aquarell Neustadt Ostholstein

Frühling im Hafen

Sachsenland

33

Durch Sachsenland zog's den Maler, und bleibende Eindrücke
vermitteln:

1953 Mischtechnik

1953 Aquarell- und Deckfarben

Eine Landschaft bei Liegau - Augustusbad

1999 Deckfarben

Der Lilienstein im Morgennebel

1997 Aquarell

Ein Renaissanceschloss bei Kreischa

1986 Aquarell

Und ganz im Süden: Bad Elster

1980 Deckfarben

Die Putzmühle unweit Bärenstein in einem versteckten Winkel, auch Schellerhau liegt in der Nähe.

Ligurien hat für den Maler Schätze bereit, Monet wies ihm den Weg
dorthin, wo „Dolce acqua" in den Bergen liegt.
Sein Aufenthalt in Bordighera, 1882, wurde für ihn besonders
interessant durch die Brücke und die Ruine; er malte die
mittelalterliche Bogenbrücke - wie es seine Art war - mehrmals, und
das bewog unseren Maler, es dem großen Künstler nachzutun. Er
hätte gern das Urteil von ihm zur Kenntnis genommen.

1996 Acrylfarben

1996 Deckfarben

Von der Küste kommend, liegt an grünen Hängen oberhalb des Städtchens „Dolce acqua" die imposante Burg.

1996 Aquarell Landungsbrücke von Pietra Ligure

1996 Aquarell

Entlang der Ligurischen Küste führt die mit rötlicher Farbe gekennzeichnete verbindende Bahnstrecke, die von Genua bis an die französische Küste über Pietra geht.

1996 Mischtechnik

Sommerurlaubern wie in Alassio - einem nahegelegenen Badeort -
bietet sich ein blaues Meer nach Süden, Berge mit weißen Häuptern
nach Norden, und eine Promenade verschönt die Tage.

1996 Deckfarben

Promenade in Pietra an der italienischen Riviera

Erinnerungen

1995 Deckfarben

Holland und seine Merkmale

1999 Aquarellfarben

Barocker Eingang zu einem Gut in Ost-Schleswig-Holstein

1998 Deckfarben

Kirche östlich des Hohen Göll: Wuchs- und Bauformen im
Wettstreit

1995, nach einem Foto, Deckfarben

Leuchtende Herbstfarben im Hochgebirge

1994 Deckfarben

Das Nordkap, fantastische Erinnerung

Zwischen Ahrenshoop, Darsser Ort und Timmort

Die Landschaft um Bodstedt und Fuhlsdorf ist karg, der Boden vielfach sandig. Die Fischerei überwog zeitweilig die Landwirtschaft. Heide mit Wacholder- und Kieferngebüschen ist alt und sturmzerzaust, so dass auch die Segelboote schwere Takelagen tragen und in geschützten kleinen Häfen liegen.
Noch heute sind die Ever auf dem Wieker und Bodstedter Bodden die meistgefahrenen Schiffe, trotzig und dem Wetter angepasst.
Die Menschen suchten in wehrhaften Kirchen Schutz vor Willkür und Unglauben.

1986 Aquarell Wehrkirche am Bodden

1995 Aquarell

Dem Binnenhafen am Fuhlsdorfer Bodden ist in der Woche meist Ruhe vergönnt: Alles ist festgezurrt; nur die Maste schaukeln ein wenig im Wind.

1985 Aquarell

Frühling bei Hermannshagen

Auf Rügen

Von Juliusruh blickt man hinüber nach Putgarten und Kap Arkona mit Schinkels berühmtem Leuchtturm, der allerdings heute durch einen runden Turmbau weit überragt wird.

1955 Aquarell

1955 Öl auf Leinwand

1955 Öl auf Leinwand

Vor vielen Jahren konnte man noch auf der Schaabe zwischen
Strand und Kiefernwaldsaum zelten. Die DDR-Grenze Nord war
noch nicht geschaffen.
Im Osten ragte über das Tromper Wiek weit entfernt der
Piekberg mit seinen 161 m.

1996 Deckfarben auf Hartfaser-Rückseite

In der Erinnerung ist die Schaabe Wald vom Breeger und Lebbiner Bodden bis zum gelben Strand und damit eng mit der Binnen- und Ostsee verbunden. Die Sonne durchglüht die Landschaft und lässt das Harz der Kiefern duften.

1953 Aquarell

Blick rüber nach Lohme

1953 Aquarell

Von Jasmund kommend, kann man über die Granitz hinweg bis zum Mönchsgut mit seinem Nordperd und Göhren blicken und das ferne Festland erahnen.

Das Meer

63

1966 Tempera

Über Mittag begegnen wir einem kleine Frachter - er zieht seine
Bahn mit neun Knoten. In einem Sturm könnte er den Wellen zum
Opfer fallen.

1988 Tempera

1987 Deckfarben

Ein Landgang macht die Fluten - wie Spielzeug anmutend - mit ewigem Wandel sichtbar ...

1987 Tempera

1987 Tempera

... aber auch die ständige Veränderung der Wasseroberfläche bewundernd.

1953 Aquarell

1958 Feder, Aquarell

Der große Ozean zeigt seine Dünung weit ausholend. Dabei kann
man träumen.

1952 Tempera

1986 Tempera

Das Meer hat tausend Gesichter. Wellenberge steigen zum
Horizont an und rollen von dort auf den Betrachter zu. Ein Segler -
nicht voll aufgetakelt   - da der   Wind quer zum
Kurs bläst, zieht am Horizont vorbei.

1988 Aquarell

An einem windstillen Tag verschwimmt der Horizont. Alle
gesetzten Segel hängen schlapp herab. Nur das leise Plätschern der
See unterbricht die Stille - fast Feiertagsruhe.

1992 Tempera

Plötzlich ist alles wieder ganz anders: Ablandiger, steifer Wind wirbelt dem grauen Himmel entgegen. Sie See hat dennoch Kraft genug, ihre Brecher an Land zu bringen; die Sonne verdüstert sich.

1988 Deckfarben

Wenn es dunkel wird, bricht der Mond durch und macht dem Leuchtfeuer Konkurrenz.
Die Wellen kommen wie vom Band gerollt - Reihe auf Reihe.

1953 Aquarell

Am Horizont zieht ein Motorschiff seinen Kurs. Die See rollt nur recht langsam ans Ufer.
Gern würde man dort an Deck sein, um den herrlichen Tag zu genießen; denn selten ist das Meer so ruhig und so blau.

1987 Tempera

Die Welle donnert ans Land. Jede zwölfte, sagt man, hat eine ganz
große Wucht und ist höher als die anderen.

Inmitten einer Lagunenlandschaft südlich von Venedig

Es gibt zu ihr nur eine Zufahrt - Schutz vor Scharen von
Besuchern. Die Bewohner leben zum Teil ganzjährig auf dem
bewaldeten Eiland, das einen Hafen mit vielen fremden
Segeljachten und -kreuzern unterhält.
Albarella trägt den Venezianischen Löwen in seinem Wappen.

1995 Aquarell

Blumengrüße an die Gäste

1995 Aquarell

Blick von der Zufahrtsstraße nach Albarella

1995 Aquarell

Einst Ausflugsschiff ...

1995 Aquarell

Typisch Albarella am mare vostrum

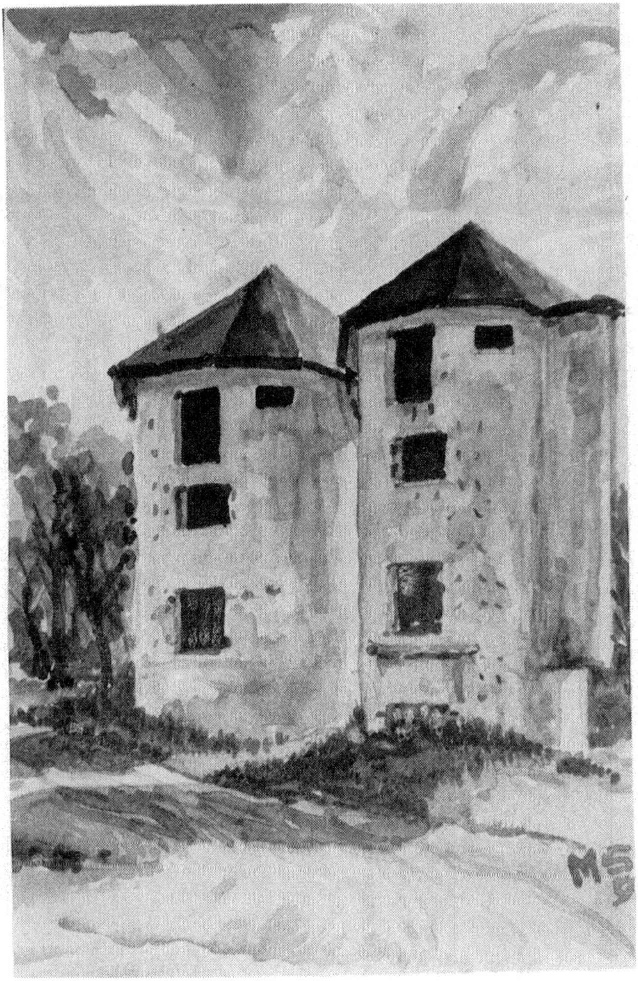

1995 Aquarell

Ehemalige Speicher

Blumengrüße allenthalben in einem milden Klima

1997 Aquarell

Stillleben aus früher Zeit - immer wieder interessant genug, um die
Natur mit dem Pinsel darzustellen; dabei sind Einzelgegenstände
wie die polierte Tischplatte genauso wichtig, wie Obst, Tonschale
und Flasche. Die Kopie von Canoldts „Clivia" scheitert daran, dass
eine solche Pflanze dem „Maler" nur durch's Bild bekannt wurde:
Die spitzen Blätter stimmen nicht, und nur eine Blüte ist annähernd
zart genug geraten.

1953 Öl auf Leinwand

1994 Ölfarbe auf Hartfaser-Rückseite

Ein altes Haus in Dänemark.

Häuser haben Augen, die lugen aus dem Haus.
Sie sind geknüpft an Ort und Zeit. Tief ist ihr Grund.
Der Blick von drinnen scheint uns weit - sogar in Nachbars
Fenster.
Von Daches Boden aus dem Rund entfliehen nachts Gespenster,
sie sind am Tage fort geschlüpft;
dann kann der Augenschmaus auf´s Neu beginnen.

1986, Gouache
(Dichtung und Wahrheit) auf dem Flug nach Rumänien

„Über den Wolken … „
Blick in Richtung Omu, Karpathen, oberhalb Sinaia

1994 Aquarell

Den Koloss von Rhodos gibt es nicht mehr. Wo seine Füße die
Hafeneinfahrt markierten, stehen heute Hirschkuh und Hirsch und
bewachen die Fahrrinne. Ein tiefblauer Himmel krönt die
historische Hafenfeste.

Ein einsamer Segler erinnert mich an die vier Elemente des
Anaximander.

1993 Acrylfarben
Aus der Phantasie

Feuer, Wasser, Erde, Luft - Bausteine unserer Lebensmutter

Eine gute Übung für Konzentration auf Details von Hell und
Dunkel, auf Formen und „Bewegungen", sind diese Auszüge aus
Brueghels Bauernhochzeit.

1955 Aquarell

1955 Aquarell

Kos, von ständigen Westwinden umweht, ist der heißen Sonne ausgesetzt.

Der Anbau von Nutzpflanzen beschränkt sich auf Tomaten und Gurken; Schafherden weiden die trockenen Hänge ab. Die Bäuern sind längst abgezogen, die Reste ihrer typischen Behausungen zerfallen unter der glühenden Sonne.

Wohltuend sind Straßen und Wege mit alten Bäumen. Der Blick geht hinüber zur Türkei, er kommt aus wachsamen Augen.

Hier waren Italiener und Engländer, stets kriegerisch ausgerüstet; die Griechen halten zweifelnd ihren Besitz.

Die Stadt liegt ein paar Kilometer die steinige Straße an der Nordküste entlang.

1993 Aquarell

1993 Aquarelle

1993 Aquarell

1993 Aquarell

Landstraße in Richtung Kos, Hauptstadt der Insel

Tornow mit seinen Seen ist ein Anziehungspunkt für Badefreudige, Paddler, Ruderer und Segler.

Es liegt in einer fast einsamen Waldgegend. An den Ufern stehen Reiher wie aus Stein gemeißelt und die Teichmummeln verschönern die Wasseroberfläche.

Einst mecklenburgische Landschaft, ist Tornow jetzt Grenzort in Brandenburg, an der oberen Havel gelegen unweit von Gransee; Zehdenick und Templin.

Der große Wentowsee und der Kanal zur Havel bilden mit dem Fließ eine Insel. Das östliche Ende des Sees gleicht einem stehenden Gewässer mit Bootsstegen und Anlegestellen, romantisch zwischen hohen Bäumen gelegen.

Die sowjetischen (russischen) flexiblen Truppen hatten zwischen Tornow und Fürstenberg ausgedehnte Übungsplätze, als Sperrgebiet ausgewiesen.

Die Kirche von Tornow trägt in der Turmhaube Schinkels Spuren.

1989 Aquarell

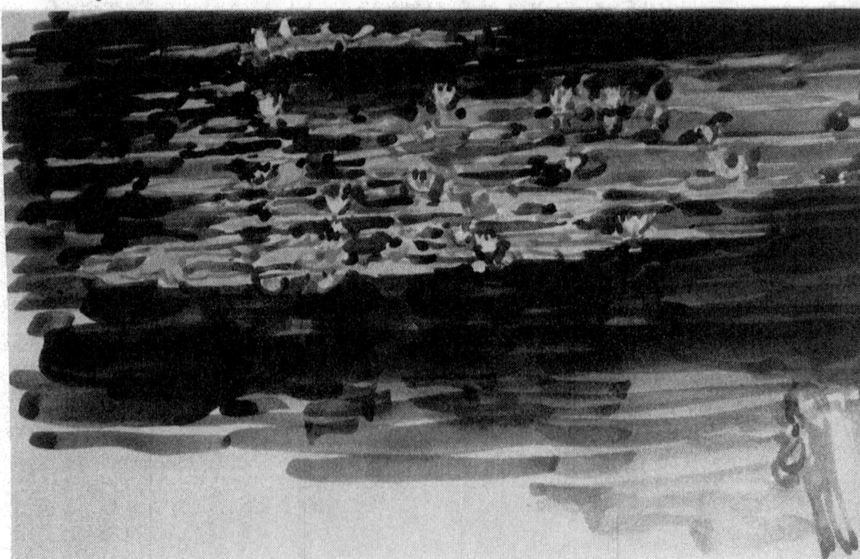

1989 Aquarell

1989 Aquarell

1989 Aquarell

Mallorca hat überlaufene Strände mit Kneipen und überlauten Lokalitäten.

Aber es gibt auch wunderschöne Ecken und Ländereien, die Ruhe und Frieden ausstrahlen und von Hügeln und Bergen eingegrenzt werden. Das Inland der Insel gleicht einer Schüssel, durchzogen von Mandelplantagen, Korkeichenhainen und Straßen. Steinmauern sind Grenzen, kunstvoll ohne Mörtel aufgeschichtet, um Schafherden und Autos von einander zu trennen, da der Autoverkehr quer über die Insel in alle Himmelsrichtungen geht.

Die Mandelblüten leuchten weiß und rosa und verzaubern die Flächen, ganz gleich, aus welcher Richtung man kommt.

Von Ratjada nach Inka ist man auf dem besten Wege, die hohen Berge im Nordwesten zu erreichen; sie tragen spärlichen Bewuchs.

Es verwundert den Fremden immer wieder, dass das Gestein nicht vom Vulkanismus herstammen soll; denn deutlich sind die einstigen Schmelzspuren besonders im Nordosten zu sehen, das Meer zerbirst an den Felsnadeln, ob Sonne oder Wolkendecke mit Getöse. Häfen und Buchten, Felsnadeln und Fischerhäuser wechseln einander ab.

Ratjada hat im Hinterland viel altes Gemäuer, einst zum Schutze vor Eroberern aufeinander geschichtet.

Die Mallorquesen schreiben Ratjada anders als die Spanier vom Festland. Darum findet man oft auch „Rajada" als Namen der Bucht.

1998 Deckfarben

Richtung Westen nach Inka

1998 Aquarelle

1998 Aquarell

1998 Aquarelle

1998 Aquarelle

1998 Aquarell

1998 Aquarell

Auch das ist Mallorca; Sturmumtoste Nordküste an der Cala
Ratjada.

1992 Aquarell

Albisano - selbst dieses kleinste Örtchen am Gardasee hat seine Kirche mit dem markanten Kampanile.
Ein schmaler Streifen bleibt am Ostufer, etwas nördlich von Garda gelegen, für ein paar Häuser rings um den Marktplatz übrig.
Von hier aus hat man Fernsicht zum anderen Ufer, berühmt geworden durch Faistauers >Gardone Sopra<. Es verschwindet heute im Dunst eines abziehenden Gewitters.

1953 Öl auf Leinwand

Ückermünde führte Anfang der 50er Jahre ein idyllisches Land-
und Fischerleben.
Wo gackernde Gänse Wege und Straßen watschelnd säumen, ist die
Ruhe angesagt.

Albufeira, westlich von Faro an der portugiesischenKüste, hat herrliche Felsgestade. Rote Felsen ragen ins Mittelmeer, für jeden Taucher ein Paradies mit Höhlen und Durchfahrten.
Die Küste wird zunehmend erschlossen, neue Straßen angelegt und Häuser für Touristen und Urlauber gebaut.
Da müssen die alten Einwohner, die Korkeichenplantagen hegten und pflegten, weichen. Typisch für die Gegend sind die herrlichen Kamine, hoch auf den Dächern tronend.
El Castello da Orade steht im sonnenverbrannten Hügelland, den Menschen ein Wohlgefallen.

1994 Aquarell

Verlassene Finca

1994 Aquarell

El Castello da Orada

1994 Aquarell

Die "steile" Wand von Albufeira

1994 Aquarelle

Albufeira-Impressionen

Tunesien, in Bildern festgehalten: Monastir und Sousse.
Palmen, wilde Flächen, Städtebauten - eine fremde Welt, die nicht
leicht zu verstehen ist mit jahrtausendealter Kultur.
Dattelpalmen sind Nahrungsbringer. Hinter den Stadttoren beginnt
die Welt der engen Gassen, Basare und Geheimnisse.

1999 Aquarelle - eine bunte Auswahl

Wilde Flächen vor dem >Emir Palace< in Monastir

1998 Aquarelle

1998 Aquarell

Monastir
Eingang zum Festungsinneren

1953 Öl auf Leinwand

Van Gogh
Kähne an der Rhone

Ehrgeiz lässt den Versuch zu, den Meister zu kopieren.

Etappen des Lebens:
Buenos Aires
Mauer und Stacheldraht
Haft - Sehnsucht nach draußen
        Buchtitel der >Wendejahre< 1992
Kriegseinsatz als Infanterist und Luftwaffenhelfer
Die Fahnen der alten und neuen Freiheit
Blutrot das Wappen der untergegangenen DDR

Des Malers Eck.
Auf der Staffelei stapeln sich Bilder, und Öl- und Acrylfarben ergänzen sich mit den Pinseln zu einem Arbeitsklima.

1999

Der Autor
mit seinen Lieblingsflaggen.

Argentinien
Hamburg-Süd und
Hamburg

www.ingramcontent.com/pod-product-compliance
Lightning Source LLC
Chambersburg PA
CBHW051752250726
48659CB00001B/371